Singt alle mit
100 geistliche Kinderlieder

2. Auflage 2003

Das Sammelwerk einschließlich aller seiner Teile ist urheberrechtlich geschützt.

Die Texte und Kompositionen sind Eigentum von Verlagen, Dichtern, Komponisten oder anderen Rechtsinhabern, die uns den Nachdruck für diese Veröffentlichung gestattet haben.
Bei einigen Liedern war es uns trotz intensiver Nachforschungen nicht möglich, die Quellen zu ermitteln. Hier bitten wir die Rechtsinhaber, sich bei uns zu melden.
Jede Art der Vervielfältigung der Lieder sowie eine Übersetzung der Texte in andere Sprachen sowie die Verbreitung über Tonträger ist ohne Genehmigung nicht gestattet.

Alle Rechte vorbehalten/All rights reserved.
© 1998 bei Verlag Friedrich Bischoff GmbH, Frankfurt am Main
ISMN-Nr. M-700119-01-1, ISBN-Nr. 3-920104-60-9
Zusammenstellung: Annette Conrad, Ilustrationen: Mirella Fortunato
Layout: IN UND DISKUTABEL, Mainz
Notensatz: Iris Grapp, Friedrichsthal
Druck: Friedrich Bischoff Druckerei GmbH, Frankfurt am Main

Code-Nr. 4095

	Seiten
Meinem Gott gehört die Welt Gottes Schöpfung	4 – 21
Lasst die Kinder zu mir kommen Bibellieder	22 – 35
Gott ist mitten unter uns Glaube und Leben mit Gott	36 – 63
Wir singen von Gottes Taten Lob- und Danklieder	64 – 83
Jetzt ist die Zeit zum Freuen Lieder zum Kirchenjahr	84 – 111
So ein schöner Tag Lieder für Morgen und Abend	112 – 125

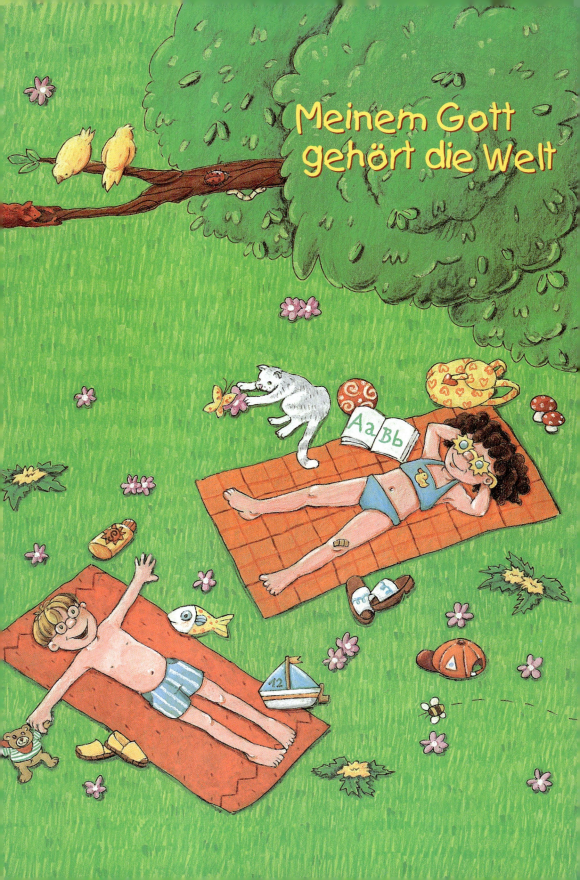

1. Das Samenkorn

1. Das Samenkorn ist winzig klein. Man kann es fast nicht sehn. Man legt es in die Erde rein. Sagt, was wird dann geschehn? Sagt, was wird dann geschehn?

2. Ein Baum wird wachsen, hoch und breit,
   für Vögel groß und klein.
   Wir dürfen uns im Sommer dann
   an seinem Schatten freun,
   an seinem Schatten freun.

3. Wir freuen uns und danken Gott
   für jeden schönen Baum.
   Und auf die Kraft im Samenkorn
   woll'n wir getrost vertraun,
   woll'n wir getrost vertraun.

Text und Melodie: Gertrud Lorenz

Rechte: Verlag Konrad Wittwer, Stuttgart
aus: "Singen und spielen"

2. Dass ich mit meinen Augen sehe

Text und Melodie: Marianne Stoodt   Rechte: Vandenhoeck & Ruprecht, Göttingen
aus: „Die Schöpfung erleben"

2. Dass ich mit meinen Ohren höre,
   das hat sich Gott gut ausgedacht!
   Er hat die Ohren mir gegeben,
   und was ich höre, hat er gemacht:
   dass im Baum der Vogel singt,
   hast du uns, Gott, gegeben,
   hab Dank für alles, was du gibst,
   für unser ganzes Leben!

3. Dass ich mit meiner Nase rieche,
   das hat sich Gott gut ausgedacht!
   Er hat die Nase mir gegeben,
   und was ich rieche, hat er gemacht:
   frische Luft und Blumenduft
   hast du uns, Gott, gegeben,
   hab Dank für alles, was du gibst,
   für unser ganzes Leben!

3. Du hast uns deine Welt geschenkt

1. Du hast uns dei-ne Welt ge-schenkt: die Län-der – die Mee-re.

Du hast uns dei-ne Welt ge-schenkt: Herr, wir dan-ken dir.

2. Du hast uns deine Welt geschenkt: die Sonne – die Sterne.
   Du hast uns deine Welt geschenkt: Herr, wir danken dir.

3. Du hast uns deine Welt geschenkt: die Berge – die Täler.
   Du hast uns deine Welt geschenkt: Herr, wir danken dir.

4. Du hast uns deine Welt geschenkt: die Blumen – die Bäume.
   Du hast uns deine Welt geschenkt: Herr, wir danken dir.

5. Du hast uns deine Welt geschenkt: die Vögel – die Fische.
   Du hast uns deine Welt geschenkt: Herr, wir danken dir.

6. Du hast uns deine Welt geschenkt: die Tiere – die Menschen.
   Du hast uns deine Welt geschenkt: Herr, wir danken dir.

7. Du hast uns deine Welt geschenkt: Du gabst uns das Leben.
   Du hast uns in die Welt gestellt: Herr, wir danken dir.

Text: Rolf Krenzer
Melodie: Detlev Jöcker

Rechte: Menschenkinder-Verlag, Münster
aus: "Viele kleine Leute"

Zu diesem Lied existieren zwei weitere Strophen

4. Es ist nichts von selbst gekommen

2. Auch die bunten Schmetterlinge,
   jedes Käferlein
   und im Bach die Kieselsteine
   machte Gott allein.

3. Es ist nichts von selbst gekommen,
   Gott hat es gemacht.
   Dafür sei dem großen Schöpfer
   unser Lob gebracht.

Text und Melodie: Margret Birkenfeld   Rechte: © 1975 Musikverlag Klaus Gerth, Asslar
aus: "Ja, Gott hat alle Kinder lieb"

5. Geh aus, mein Herz

1. Geh aus, mein Herz, und suche Freud in dieser lieben Sommerzeit an deines Gottes Gaben; schau an der schönen Gärten Zier und siehe, wie sie mir und dir sich ausgeschmücket haben, sich ausgeschmücket haben.

2. Die Bäume stehen voller Laub,
das Erdreich decket seinen Staub
mit einem grünen Kleide;
Narzissus und die Tulipan,
die ziehen sich viel schöner an
als Salomonis Seide.

3. Die Lerche schwingt sich in die Luft,
das Täublein fliegt aus seiner Kluft
und macht sich in die Wälder;
die hochbegabte Nachtigall
ergötzt und füllt mit ihrem Schall
Berg, Hügel, Tal und Felder.

4. Ich selber kann und mag nicht ruhn,
des großen Gottes großes Tun
erweckt mir alle Sinnen;
ich singe mit, wenn alles singt,
und lasse, was dem Höchsten klingt,
aus meinem Herzen rinnen.

Text: Paul Gerhardt
Melodie: August Harder

6. Gott, dir will ich herzlich danken

1. Gott, dir will ich herz-lich dan-ken, wun-der-bar bin ich ge-macht;

wun-der-bar sind al-le Wer-ke, die du, Herr, bis-her voll-bracht!

2. Du lässt uns die Sonne scheinen,
   schickst auch Regen und den Wind;
   lässt die Blumen blühn und wachsen,
   lässt auch wachsen mich, dein Kind!

3. Manchmal ist es um mich dunkel,
   doch ich fühl' mich nicht allein;
   warm und hell du mir dann leuchtest,
   dass ich weiß, wir sind zu zwei'n!

4. Ob ich gehe oder liege,
   ob ich fern bin oder hier;
   du siehst alle meine Wege,
   stets bist du, o Gott, bei mir!

5. Und auch ich möcht' bei dir bleiben;
   leite mich auf deinem Pfad;
   möge deine Hand mich führen
   stets nach deinem weisen Rat!

Text und Melodie: Detlef Streich   Rechte: Verlag Friedrich Bischoff, Frankfurt/Main

7. Kein Tierlein ist auf Erden

Text: Clemens von Brentano
Melodie: Jens Rohwer

Rechte: Möseler-Verlag, Wolfenbüttel
aus: "Das singende Jahr"

2. Das Vöglein in den Lüften
   singt dir aus voller Brust,
   die Schlange in den Klüften
   zischt dir in Lebenslust.
   Zu dir ...

3. Die Fischlein, die da schwimmen,
   sind, Herr, vor dir nicht stumm,
   du hörest ihre Stimmen,
   ohn' dich kommt keines um.
   Zu dir ...

4. Vor dir tanzt in der Sonne
   der kleinen Mücklein Schwarm,
   zum Dank für Lebenswonne
   ist keins zu klein und arm.
   Zu dir ...

5. Sonn', Mond gehn auf und unter
   in deinem Gnadenreich,
   und alle deine Wunder
   sind sich an Größe gleich.
   Zu dir ...

8. Meine Füße hast du wunderbar gemacht

2. Meine Hände hast du wunderbar gemacht!
   Ich kann mich an Mutti halten,
   kann Papier zu Schiffchen falten.
   Meine Hände hast du wunderbar gemacht!

3. Meine Augen hast du wunderbar gemacht!
   Ich seh Berge, Seen und Wälder,
   bunte Wiesen, große Felder.
   Meine Augen hast du wunderbar gemacht!

4. Meine Ohren hast du wunderbar gemacht!
   Ich hör, wie die Vögel singen
   und die Instrumente klingen.
   Meine Ohren hast du wunderbar gemacht!

5. Ja, mein Leben hast du wunderbar gemacht!
   Ich kann lieben, loben, lachen
   und mich freun an tausend Sachen.
   Herr, ich danke dir und preise dich dafür!

Text und Melodie: Claire Schmid   Rechte bei der Autorin

9. Meinem Gott gehört die Welt

1. Meinem Gott gehört die Welt, meinem Gott das Himmelszelt, ihm gehört der Raum, die Zeit, sein ist auch die Ewigkeit.

2. Und sein eigen bin auch ich.
   Gottes Hände halten mich
   gleich dem Sternlein in der Bahn;
   keins fällt je aus Gottes Plan.

3. Wo ich bin, hält Gott die Wacht,
   führt und schirmt mich Tag und Nacht;
   über Bitten und Verstehn
   muß sein Wille mir geschehn.

4. Täglich gibt er mir das Brot,
   täglich hilft er in der Not,
   täglich schenkt er seine Huld,
   er vergibt mir meine Schuld.

Text: Arno Pötzsch
Melodie: Christian Lahusen

Rechte: Bärenreiter-Verlag, Kassel

10. So viel Freude

1. So viel Freu-de hast du, Gott, in die Welt ge-ge-ben: Son-ne, Ster-ne, Schmet-ter-lin-ge, Lie-der, Blu-men, schö-ne Din-ge, dass wir fröh-lich le-ben.

2. Und du gibst uns einen Ort, den wir Heimat nennen:
   Städte, Dörfer, uns gebaut, Berge, Täler, uns vertraut,
   die wir lieben, kennen.

3. Um uns liebe Menschen sind, die uns treu begleiten:
   Eltern erst, die mit uns gehen, Freunde auch, uns beizustehen
   auf dem Weg, dem weiten.

4. Und du lässt uns mit Verstand schaffen, planen, walten:
   Krankenhäuser und Maschinen, Schulen, Flugzeug, Straßen, Schienen –
   diese Welt gestalten.

5. Mancher doch in seinem Wahn will das Gute meiden:
   Neid und Hass und Eigensinn, Krieg, Gewalt und Machtgewinn
   schaffen Not und Leiden.

6. Dazu bin ich auf der Welt, dass ich Frieden bringe,
   dass ich hier an jedem Tage deine Liebe weitersage.
   Hilf, dass mir's gelinge.

Text und Melodie: Martin Gotthard Schneider   Rechte beim Autor

11. Vöglein im hohen Baum

1. Vög-lein im ho-hen Baum, klein ist's, ihr seht es kaum,

singt doch so schön, dass wohl von nah und fern al - le die

Leu - te gern hor-chen und stehn, hor - chen und stehn.

2. Blümlein im Wiesengrund
blühen so lieb und bunt,
tausend zugleich;
wenn ihr vorübergeht,
wenn ihr die Farben seht,
freuet ihr euch.

3. Wässerlein fließt so fort
immer von Ort zu Ort
nieder ins Tal;
dürsten nun Mensch und Vieh,
kommen zum Bächlein sie,
trinken zumal.

4. Habt ihr es auch bedacht,
wer hat so schön gemacht
alle die drei?
Gott der Herr machte sie,
dass sich nun spät und früh
jedes dran freu.

Text: Wilhelm Hey
Melodie: Friedrich Silcher
Satz: Johannes Petzold

12. Was nah ist und was ferne

1. Was nah ist und was fer - ne, von Gott kommt al - les her,

der Stroh-halm und die Ster-ne, das Sand-korn und das Meer.

2. Er lässt die Sonn' aufgehen.
   Er stellt des Mondes Lauf.
   Er lässt die Winde wehen
   und tut die Wolken auf.

3. Er schenkt uns so viel Freude.
   Er macht uns frisch und rot.
   Er gibt den Küh'n die Weide
   und seinen Menschen Brot.

Text: Matthias Claudius
Melodie: Richard Rudolf Klein

Rechte: Daimonion Verlag, Wiesbaden
aus: "Willkommen, lieber Tag", Band 1

13. Wer hat die Blumen nur erdacht

2. Wer hat im Garten und im Feld
sie auf einmal hingestellt?
Erst war's noch so hart und kahl,
blüht nun alles auf einmal.

3. Wer das ist und wer das kann
und nicht müde wird daran?
Das ist Gott in seiner Kraft,
der die schönen Blumen schafft.

Text: Wilhelm Hey
Melodie: Volksweise

14. Wer hat die Sonne denn gemacht?

2. Wer hat den Baum hervorgebracht,
   die Blumen nah und ferne?
   Das tat der liebe Gott allein.
   Drum will ich Dank ihm geben.

3. Wer schuf die Tiere groß und klein?
   Wer gab auch mir das Leben?
   Das tat der liebe Gott allein.
   Drum will ich Dank ihm geben.

Text: volkstümlich
Melodie: Richard Rudolf Klein

Rechte: Daimonion Verlag, Wiesbaden
aus: "Willkommen, lieber Tag", Band 1

15. Abraham

2. "Ich versprech dir meinen Segen,
bin mit dir auf allen Wegen;
alle Menschen, groß und klein,
soll'n in dir gesegnet sein.
Abraham, ...

3. Auf das Wort hin will er's wagen;
ohne Klagen, ohne Fragen
steht er auf und zieht er fort,
Kompass ist das Gotteswort.
Abraham, ...

Text: Diethard Zils, nach Hanna Lam
Melodie: Wim ter Burg

Rechte: Text: Gustav Bosse Verlag, Kassel
Melodie: Verlag G. F. Callenbach, Kampen/NL

16. Die Jünger fuhren auf dem See

2. Die Jünger hatten große Furcht und weckten ihn.
   „Wie könnt ihr nur so furchtsam sein!
   Wie ist doch euer Glaube klein und schnell dahin."

3. Er droht den Wellen und dem Wind: „Nun stehet still!"
   Da stellt der Sturm sein Wüten ein,
   die Wellen werden sanft und klein, wenn er es will.

4. So wollen wir in Not und Sturm uns fürchten nicht.
   Die Wellen ihm gehorsam sind,
   und Jesus schützt ein jedes Kind, verlässt es nicht.

Text und Melodie: Barbara Venus

Rechte: Merseburger-Verlag, Kassel
aus: „Kommt, Kinder, all zusammen"

17. Dieser Sohn, jener Sohn

3. Schick und reich, schick und reich
zieht er in die Welt.
Und er kauft sich, was er will,
denn er hat ja Geld.

4. Und er lädt, und er lädt
alle Leute ein,
und es wollen viele
gern seine Freunde sein.

5. Unterwegs, unterwegs
gibt er soviel aus.
Mit den Freunden wohnt er gern
stets im besten Haus.

6. Ja, so lebt, ja, so lebt
er in Saus und Braus.
Und mit vollen Händen
gibt er sein Geld all aus.

Text: Rolf Krenzer
Melodie: Paul G. Walter

Rechte: Strube Verlag, München–Berlin
aus: "Jesus lädt die Kinder ein"

7. Ohne Geld, ohne Geld
   steht er da, o Schreck!
   Und die besten Freunde sind
   plötzlich alle weg.

8. Bettelarm, bettelarm
   steht er vor der Tür.
   Wenn es für mich Arbeit gibt,
   bleib' ich gerne hier.

9. Und so kommt, und so kommt
   es zum bittren Schluss,
   dass der arme Mann am End'
   Schweine hüten muss.

10. Endlich kommt er zurück,
    arm, dass Gott erbarm'.
    Da sieht ihn sein Vater
    und nimmt ihn in den Arm.

11. Kommt herbei! Kommt herbei!
    Freut euch! Trinkt und esst!
    Weil mein Sohn zurückgekehrt,
    feiern wir ein Fest!

12. Soviel Lohn! Soviel Lohn!
    Und er war so schlecht.
    Was ist mit dem andern Sohn?
    Ist das noch gerecht?

13. "Lieber Sohn, lieber Sohn",
    sagt der Mann voll Not,
    "ach, ich dacht', mein andrer Sohn
    wär' schon lange tot!

14. Weil ich ihn wieder hab',
    komme ich zu dir.
    Ich hab' dich genauso lieb!
    Freu dich doch mit mir!"

15. Kommt zum Fest! Kommt zum Fest!
    Ladet alle ein!
    Wer verzeihn und lieben kann,
    der bleibt nicht allein.

16. Hört's euch an! Seht's euch an,
    dass ihr's immer wisst,
    dass Gott zu uns allen
    wie dieser Vater ist.

Die Strophen werden abwechselnd nach Melodie A und B gesungen.

18. Ein kleines Schäfchen

1. Ein kleines Schäflein lief verirrt und einsam durch das Land; es suchte lang, doch fand's kein Gras, es fand nur trock'nen Sand.

2. So legte hungrig es sich dann
   an einem Felsen hin;
   sehr müde und in Sorge sprach's:
   "Ach wüsst' ich, wo ich bin!"

3. Am Morgen zog mit seiner Herd'
   ein Hirt den Weg entlang;
   er sah das Schäfchen liegen gleich
   an seinem Felsenhang.

4. "Du kleines Schäflein," sagte er,
   "komm mit und folg' uns nach!
   Zu grüner Weide ziehen wir
   an einen kühlen Bach!"

5. Das Schäflein folgte seinem Rat,
   stand auf und ging mit ihm:
   der Hirte führte sicher sie
   auf rechtem Wege hin.

6. Das Schäflein blieb nun bei der Herd',
   ihm mangelte nichts mehr.
   Wenn jedes Kind solch' Hirten hätt',
   wie glücklich es dann wär'!

Text und Melodie: Detlef Streich   Rechte: Verlag Friedrich Bischoff, Frankfurt/Main

19. Ein Mann hat viele Söhne

1. Ein Mann hat vie-le Söh-ne. Er wohnt in Beth-le-hem.

Gott schickt ei-nen Pro-phe-ten zu die-sem Man-ne hin.

2. Gott sagt: Begrüß ihn freundlich, lad zum Gebet ihn ein.
   Und alle seine Söhne, die sollen auch da sein.

3. Nimm Öl mit und dann schaue dir alle Söhne an
   und den, der König sein soll, den zeige ich dir dann.

4. Samuel, der Prophet geht und tut, was Gott ihm sagt.
   Den Mann er nach dem Beten nach seinen Söhnen fragt.

5. Der Vater nennt die Namen, doch keiner ist dabei,
   den Gott sich ausgewählt hat, damit er König sei.

6. Da fragt der Prophet Gottes den Vater: Sage mir,
   hast du denn noch mehr Söhne? Sind sie nicht alle hier?

7. Der Mann sagt: Es fehlt David, doch der ist nur ein Hirt.
   Er ist noch jung. Ich glaub nicht, dass er ein König wird.

8. Auf des Propheten Bitte holt man den David her.
   Gott sagt: Den musst du salben, denn König sein wird er.

9. Gott wählt den Hirten David. Er sieht ins Herz hinein.
   Ein guter Mensch wie David, der soll der König sein.

Text und Melodie: Gertrud Lorenz

Rechte: Verlag Konrad Wittwer, Stuttgart
aus: "Singen und spielen"

20. Es zog ein Mann nach Jericho

1. Es zog ein Mann nach Jericho den Weg hinab, dem ging es so:

3. Es kam vorbei, wo das geschah, ein Priester, der ihn liegen sah.

5. Auch ein Levit, am gleichen Tag, sah ihn, der ohne Kleider lag.

7. Da kam ein Samariter her, von Mitleid war das Herz ihm schwer.

9. Zur Herberg' brachte er ihn hin, blieb bis zum Morgen, pflegte ihn.

2. Die Räuber raubten all sein Gut, aus seinen Wunden floss das Blut.

4. "Was geht mich der Zerschlagne an? Ein jeder hilft sich, wie er kann!"

6. "Ich mische mich nicht gerne ein! Der Kluge hält die Finger rein!"

8. "Du Armer, komm, ich wasche dir die Wunden, heb dich auf mein Tier!"

10. "Herr Wirt, nehmt dieses Silber hier für weitere Pflege und Quartier.

11. Und wo was fehlt, Ihr dürft vertraun, ich komm zurück, will nach ihm schaun!"

12. Hört! Chris - tus spricht: "Wer von den drein mag

wohl des Man - nes Näch - ster sein?"

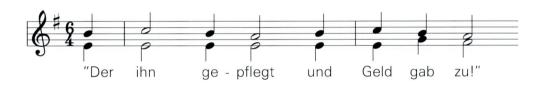

"Der ihn ge - pflegt und Geld gab zu!"

"So ge - he hin und tu auch du!"

Text: Friedrich Hoffmann
Melodie: Gerd Watkinson

Rechte: Verlag Ernst Kaufmann, Lahr
und Christophorus-Verlag, Freiburg

21. Gott hat die Welt erschaffen

1. Gott hat die Welt er-schaf-fen. Da-von wolln wir jetzt sin-gen.

Er schuf den Him-mel. Er schuf die Er-de. Er schuf den Tag.

Er schuf die Nacht. Und er sah, dass al-les schön war.

2. Gott hat die Welt erschaffen. Davon wolln wir jetzt singen.
   Er schuf die Sonne. Er schuf die Wolken. Er schuf den Mond
   und jeden Stern. Und er sah, dass alles schön war.

3. Gott hat die Welt erschaffen. Davon wolln wir jetzt singen.
   Er schuf die Berge. Er schuf die Täler. Er schuf das Land.
   Er schuf das Meer. Und er sah, dass alles schön war.

4. Gott hat die Welt erschaffen. Davon wolln wir jetzt singen.
   Er schuf die Pflanzen. Er schuf die Blumen. Er schuf das Gras
   und jeden Baum. Und er sah, dass alles schön war.

5. Gott hat die Welt erschaffen. Davon wolln wir jetzt singen.
   Er schuf die Tiere, Fische und Vögel. Er schuf sie groß.
   Er schuf sie klein. Und er sah, dass alles schön war.

6. Gott hat die Welt erschaffen. Davon wolln wir jetzt singen.
   Er schuf die Menschen. Er schuf das Leben, ja er schuf auch
   das kleinste Kind. Und er sah, dass alles schön war.

Text und Melodie: Gertrud Lorenz

Rechte: Verlag Konrad Wittwer, Stuttgart
aus: "Singen und spielen"

22. Josef war ein junger Mann

1. Jo - sef war ein jun - ger Mann, als die Brü-der ihn ver-kauf - ten und er nach Ä - gyp - ten kam, und er nach Ä - gyp - ten kam.

2. Josef war ein armer Mann, als er falsch beschuldigt wurde und dann ins Gefängnis kam, und dann ins Gefängnis kam.

3. Josef war ein kluger Mann, der die Träume deuten konnte, weshalb er zum König kam, weshalb er zum König kam.

4. Josef war ein reicher Mann. Weil der König ihn belohnte, hat viel Gutes er getan, hat viel Gutes er getan.

5. Josef war ein guter Mann. Er verzieh den bösen Brüdern, was sie ihm einst angetan, was sie ihm einst angetan.

6. Josef war ein froher Mann, denn der Herr in seiner Güte nahm sich seiner immer an, nahm sich seiner immer an.

Text und Melodie: Gertrud Lorenz

Rechte: Verlag Konrad Wittwer, Stuttgart
aus: "Singen und spielen"

23. Lasst die Kinder zu mir kommen

2. Lasst die Menschen zu mir kommen
her auf allen Wegen.
Lasst die Menschen zu mir kommen,
wehrt euch nicht dagegen.
Denn es werden in mein Reich
alle aufgenommen,
wenn sie, einem Kinde gleich,
voll Vertrauen kommen.

Text: Karl Ludwig Höpker
Melodie: Wim ter Burg   Rechte: Verlag G. F. Callenbach, Kampen/NL

24. Wir fahren übern See

1. Wir fah-ren ü-bern See, das Ru-dern fällt uns schwer.

Wir fah-ren ü-bern See, und mü-de ist der Herr.

2. Wir fahren übern See,
   und unser Herr schläft ein.
   Wir fahren übern See.
   Wie wird's da draußen sein?

3. Der Sturm zieht übern See.
   Ein Unwetter geht los.
   Der Sturm zieht übern See.
   Wie schützen wir uns bloß?

4. Ein Sturm zieht übern See.
   Die Welle schlägt ins Boot.
   Ein Sturm zieht übern See.
   So groß ist unsre Not!

5. So stürmisch ist der See.
   Was wird mit uns geschehn?
   So stürmisch ist der See.
   Wir werden untergehn!

6. So stürmisch ist der See.
   Wir fürchten uns so sehr.
   So stürmisch ist der See.
   "Wach endlich auf, o Herr!"

7. Ganz ruhig wird der See,
   weil Jesus es so will.
   Ganz ruhig wird der See,
   und auch der Sturm wird still.

8. Wir fahren still dahin.
   Und Jesus zu uns spricht:
   "Wenn ich hier bei euch bin,
   dann fürchtet euch doch nicht!"

Text: Rolf Krenzer
Melodie: Peter Janssens

Rechte: Peter Janssens Musikverlag, Telgte
aus: "Ich schenk dir einen Sonnenstrahl", 1985

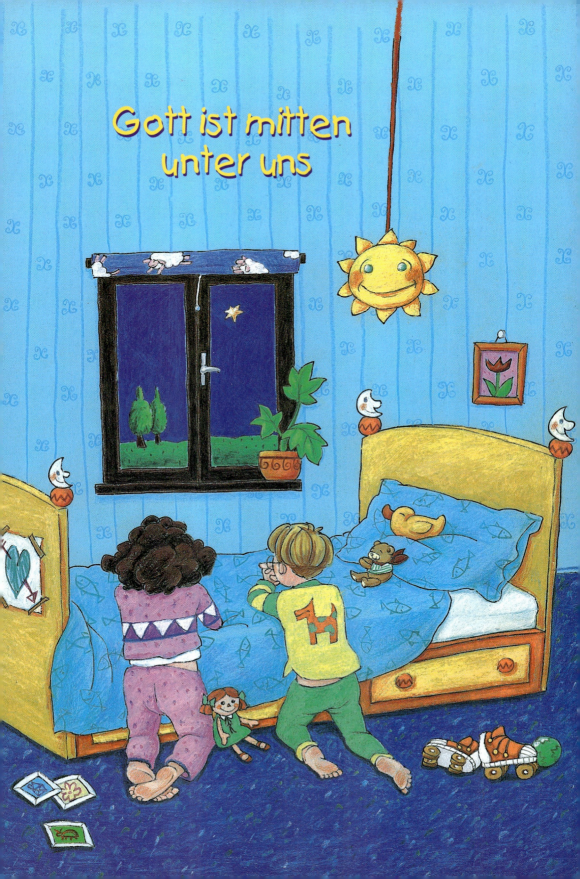

25. Danket Gott, denn er ist gut

1. Danket Gott, denn er ist gut; groß ist

alles, was er tut. *Refrain* Seine Huld währt alle

Zeit, waltet bis in Ewigkeit.

2. Preiset Gott und gebt ihm Ehr.
   Er ist aller Herren Herr.
   Seine Huld ...

3. Er tut Wunder, er allein;
   alles rief er in das Sein.
   Seine Huld ...

4. Der durch seiner Allmacht Ruf
   Erd und Himmel weise schuf,
   seine Huld ...

5. Der die Sterne hat gemacht,
   Sonn und Mond für Tag und Nacht,
   seine Huld ...

6. Er speist alles, was da lebt.
   Alle Schöpfung ihn erhebt.
   Seine Huld ...

Melodie aus China

26. Die dunklen Wolken gehen

1. Die dunk-len Wol-ken ge-hen, die hel-len Ster-ne ste-hen, o

Gott, wie du es willst. Du lässt den Re-gen gie - ßen, du

lässt die Hal-me sprie - ßen, die du mit Kör-nern füllst.

2. Dir wollen wir vertrauen,
   auf dich, den Vater, schauen,
   nimm du uns an der Hand.
   Du wirst uns sicher führen,
   dass wir dich nicht verlieren
   und eingehn in dein Land.

Text: Josef Bauer Rechte: Text: Bärenreiter-Verlag, Kassel
Melodie: Jörg Erb Melodie: Verlag Johannis, Lahr

27. Die Spatzen kaufen niemals ein

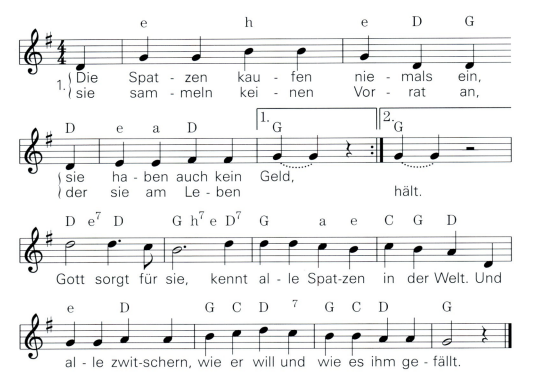

1. Die Spatzen kaufen niemals ein,
   sie sammeln keinen Vorrat an,
   sie haben auch kein Geld,
   der sie am Leben hält.
   Gott sorgt für sie,
   kennt alle Spatzen in der Welt.
   Und alle zwitschern, wie er will
   und wie es ihm gefällt.

2. Die Blumen wachsen ganz allein,
   sie tragen bunte Kleider,
   und immer sind sie schön und fein,
   sie brauchen keinen Schneider.
   Gott sorgt für sie,
   kennt alle Blumen in der Welt.
   Und alle blühen, wie er will
   und wie es ihm gefällt.

3. So viele Menschen sind bedrückt,
   vor lauter Angst und Sorgen;
   sie freun sich nicht, sie lachen nicht,
   sie denken nur an morgen.
   Gott sorgt für sie,
   kennt alle Menschen in der Welt.
   Herr, hilf uns leben, wie du willst
   und wie es dir gefällt.

Text: Hein Meurer
Melodie: Christian Hänisch

Rechte: Text: Verlag Ernst Kaufmann, Lahr
und Christophorus-Verlag, Freiburg
Musik: Gnadauer Verlag, Dillenburg

28. Du, Gott, ich weiß

2. Du, Gott, ich weiß, du hast mich lieb,
auch wenn ich dich nicht sehe.
Du guter Gott, ich danke dir
und: Bleib in meiner Nähe.

Text und Melodie: Gertrud Lorenz   Rechte: Verlag Konrad Wittwer, Stuttgart
aus: "Singen und spielen"

29. Du Gott stützt mich

Text und Kanon: Dorothea Schönhals-Schlaudt   Rechte bei der Autorin

30. Gott hört mich, wenn ich bete

1. Gott hört mich, wenn ich be-te. Ich weiß, dass er mich liebt und dass er mir für je-den Tag das Al-ler-be-ste gibt, und dass er mir für je-den Tag das Al-ler-be-ste gibt.

2. Gott hört mich, wenn ich bete.
   Ich weiß, er hat stets Zeit.
   Ich sag ihm, was mich traurig macht,
   ich sag ihm, was mich freut.

3. Gott hört mich, wenn ich bete
   für Menschen in der Not.
   Ich freu mich, dass du gerne hilfst
   und danke dir, mein Gott.

Text: Anni Dyck
Melodie: Wilfried Siemens

Rechte: Text: Brunnen-Verlag, Basel
Melodie: Oncken-Verlag, Wuppertal

31. Gott sagt uns immer wieder

Gott sagt uns immer wieder, dass man's nie vergisst, wo wir gehn, wo wir stehn, dass er bei uns ist. Gott dass er bei uns ist.

1. Tag und Nacht, Nacht und Tag, Gott ist uns so nah. Früh am Morgen, spät am Abend, immer ist er da.

2. Das macht Mut und gibt Trost:
   Gott ist uns so nah.
   Was kann uns denn noch erschrecken?
   Immer ist er da.

3. Wo wir sind, was wir tun,
   Gott ist uns so nah.
   Er lässt uns niemals alleine.
   Immer ist er da.

Text: Rolf Krenzer
Melodie: Peter Janssens

Rechte: Peter Janssens Musikverlag, Telgte
aus: "Gott zieht vor uns her", 1990

32. Gott will bei euch wohnen

2. Gott will bei euch wohnen.
   Ihr seid nicht zu klein.
   Gott will bei euch wohnen,
   bei euch sein.
   Gott will bei euch wohnen,
   seid ihr zwei und drei,
   Gott will bei euch wohnen,
   ist dabei.

Text: Hans-Jürgen Netz
Melodie: Fritz Baltruweit

Rechte: tvd Verlag, Düsseldorf
aus: "Meine Liedertüte"

3. Gott will bei euch wohnen.
   Ihr seid nicht zu klein.
   Gott will bei euch wohnen,
   bei euch sein.
   Gott will bei euch wohnen,
   euch zu Seite stehn.
   Gott will bei euch wohnen,
   mit euch gehn.

4. Gott will bei euch wohnen.
   Ihr seid nicht zu klein.
   Gott will bei euch wohnen,
   bei euch sein.
   Gott will bei euch wohnen,
   macht euch immer Mut.
   Gott will bei euch wohnen,
   das ist gut.

33. Ich will auf Jesus Christus schauen

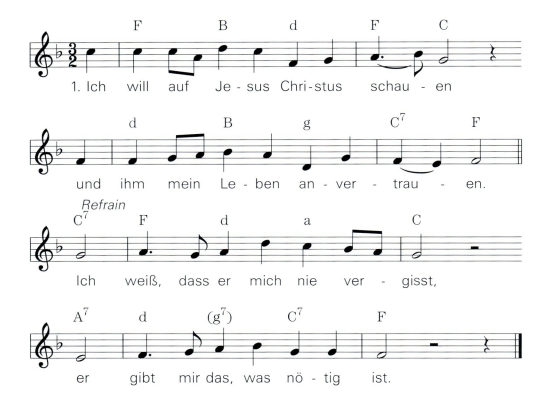

1. Ich will auf Jesus Christus schauen
und ihm mein Leben anvertrauen.
Ich weiß, dass er mich nie vergisst,
er gibt mir das, was nötig ist.

2. Er will mich schützen und bewahren
in Schwierigkeiten und Gefahren.
Ich weiß, dass ...

3. In frohen und in schweren Tagen
darf ich ihm immer alles sagen.
Ich weiß, dass ...

4. Ich bleibe stets in seinen Händen,
denn seine Liebe wird nie enden.
Ich weiß, dass ...

Text: Walter Graf
Melodie: Hugo Fuchs

Rechte bei den Autoren

34. Im Namen Gottes

1. { Im Namen Gottes fang ich an,
   { mir helfe Gott, der helfen kann,
   { so Gott mir hilft, wird alles leicht,
   { wo Gott nicht hilft, wird nichts erreicht! Drum
   { ist das Beste, was ich kann: Im
   { Namen Gottes fang ich an. Amen.

2. Im Namen Gottes geht es gut,
   er gibt die Kraft, er gibt den Mut,
   wo er hilft, geht mir von der Hand
   mein Werk mit Herz, Mund und Verstand.
   Drum ist das Beste, ...

3. Im Namen Gottes will ich gehn,
   was ich heut tue, darf er sehn;
   auch meine Freude sieht er an,
   mit Gott ist alles wohlgetan.
   Drum ist das Beste, ...

Text: volkstümlich / Friedrich Hoffmann
Melodie: Gottfried Neubert

Rechte: Verlag Ernst Kaufmann, Lahr
und Christophorus-Verlag, Freiburg

35. Kleine Tropfen Wasser

1. Klei-ne Trop-fen Was - ser, klei-ne Kör-ner Sand ma-chen's gro-ße Welt-meer und das wei-te Land.

2. Kleine Augenblicke
   in der raschen Zeit
   machen die Jahrhundert'
   der Vergangenheit.

36. Kommt alle her!

1. Kommt alle her! Gott selber lädt euch ein. Er öffnet uns die Türen, bei ihm zu Gast zu sein.

2. Kommt alle her!
   Gott selbst schenkt Brot und Wein.
   Wir sind zum Fest geladen,
   und keiner bleibt allein.

3. Kommt alle her!
   Ihr seid von Gott geführt
   als seine lieben Kinder.
   Habt ihr das nicht gespürt?

4. Kommt, feiert mit
   und bleibet heut nicht fern!
   Gott schenkt uns seine Liebe.
   Lobt, preist und dankt dem Herrn!

Text: Barbara Cratzius
Melodie: Herbert Ring

Rechte: Steyler Verlag, Nettetal
aus: "Lobt froh den Herrn –
Neue Lieder für den Kindergottesdienst"

37. Kommt, alle Kinder

Kommt, al - le Kin - der, der Sonn - tag ist da!

1. Heut' ist ein hel-ler, schö-ner Tag: Der Sonn-tag ist da!

Wir wol-len al-le fröh-lich sein. Kommt her von fern und nah!

2. Wir fassen unsre Hände an
   und laden alle ein.
   Wir wollen Schwestern, Brüder sein,
   und keiner ist allein.

3. So schließen wir den Kinderkreis.
   Siehst du, wie gut das geht?
   Denn Gott, der Vater, lädt uns ein,
   und keiner draußen steht.

4. Wir bringen dir zum Dank das Lied.
   Wir singen alle gern.
   Wir öffnen heute Herz und Mund
   im Hause unsres Herrn.

Text: Barbara Cratzius
Melodie: Herbert Ring

Rechte: Steyler Verlag, Nettetal
aus: "Lobt froh den Herrn –
Neue Lieder für den Kindergottesdienst"

38. Gott ist mitten unter uns

1. Lacht und singt, singt und lacht, singt und lacht mit mir.

Gott ist mit-ten un-ter uns, dar-um sind wir hier.

Gott ist mit-ten un-ter uns, dar-um sind wir hier.

2. Nehmt sein Wort
   in euch auf.
   Werdet still mit mir.
   Gott ist mitten unter uns, ...

3. Dankt und preist,
   preist und dankt,
   preist und dankt mit mir.
   Gott ist mitten unter uns, ...

4. Weil uns Gott,
   weil uns Gott
   nie alleine lässt,
   wird ein jeder Gottesdienst
   auch zu seinem Fest.

Text: Rolf Krenzer
Melodie: Detlev Jöcker

Rechte: Menschenkinder-Verlag, Münster
aus: "Das Liederbuch zum Umhängen"

Zu diesem Lied existieren noch zwei weitere Strophen

39. Lasst uns Jesu Helfer sein

1. Lasst uns Je-su Hel-fer sein. Lasst uns se-hen, wenn ei-ner trau-rig ist und zu ihm ge-hen und ihn trös-ten.

2. Lasst uns Jesu Helfer sein.
   Lasst uns sehen, wenn einer einsam ist
   und immer wieder ihn besuchen.

3. Lasst uns Jesu Helfer sein.
   Lasst uns sehen, wenn einer wenig hat
   und mit ihm teilen, was wir haben.

4. Lasst uns Jesu Helfer sein.
   Lasst uns sehen, wenn einer Hilfe braucht
   und ihm von Herzen gerne helfen.

5. Lasst uns Jesu Helfer sein.
   Lasst uns sehen, wenn einer Freude braucht
   und ihm gern eine Freude machen.

6. Lasst uns Jesu Helfer sein.
   Lasst uns sehen, wo böser Streit entsteht
   und wieder für den Frieden sorgen.

Text und Melodie: Gertrud Lorenz

Rechte: Verlag Konrad Wittwer, Stuttgart
aus: "Singen und spielen"

40. Mir ist ein Licht aufgegangen

Mir ist ein Licht aufgegangen:
auf meinem Weg ein heller Schein.
Mir ist ein Licht aufgegangen.
Gott spricht: "Ich werde mit dir sein."

Text: Reinhard Bäcker
Kanon: Detlev Jöcker

Rechte: Menschenkinder-Verlag, Münster
aus: "Viele kleine Leute"

41. Segne und behüte

1. Seg-ne und be-hü-te uns durch dei-ne Gü-te.
Herr, er-heb dein An-ge-sicht ü-ber uns und gib uns Licht.

2. Schenk uns deinen Frieden
   alle Tag hienieden.
   Leite uns durch deinen Geist,
   der uns stets zu Christus weist.

3. Amen, amen, amen.
   Ehre sei dem Namen
   unsres Herren Jesu Christ,
   der der Erst' und Letzte ist.

42. Sieh die Blumen auf dem Felde

1. Sieh die Blumen auf dem Felde, bunt blühn sie in schönster Pracht; wunderbar sind sie gekleidet, wie's kein Schneider schöner macht. Und auch ich muss mich nicht sorgen, denn was immer kommen mag: Gott ist bei mir alle Morgen und an jedem neuen Tag.

2. Sieh die Vögel an dem Himmel,
in den Bäumen, auf der Erd':
kennen weder Saat noch Ernte,
Gott ist's dennoch, der sie nährt.
Und auch ich ...

3. Sieh die Fische in dem Wasser,
sieh die Käfer auf dem Land;
alles, alles, was hier lebet,
wird gelenkt von Gottes Hand.
Und auch ich ...

Text und Melodie: Detlef Streich   Rechte: Verlag Friedrich Bischoff, Frankfurt/Main

43. Weil ich Jesu Schäflein bin

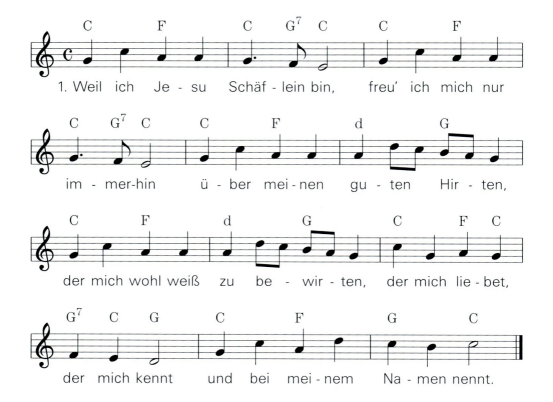

1. Weil ich Jesu Schäflein bin,
freu' ich mich nur immerhin
über meinen guten Hirten,
der mich wohl weiß zu bewirten,
der mich liebet, der mich kennt
und bei meinem Namen nennt.

2. Unter seinem sanften Stab
geh' ich ein und aus und hab'
unaussprechlich süße Weide,
dass ich keinen Mangel leide,
und sooft ich durstig bin,
führt er mich zum Brunnquell hin.

Text: Louise von Hayn
Melodie: unbekannt

44. Wenn der Herr mein Hirte ist

1. Wenn der Herr mein Hir-te ist, fühl ich mich ge-bor-gen,

auch wenn ich ganz trau-rig bin, Fra-gen hab und Sor-gen.

Hell wird un-ser An-ge-sicht, Herr, du schenkst uns Trost und Licht.

2. Wie der Schäfer jedes Schaf führt auf rechte Straßen,
   kann ich sicher sein und mich fest auf ihn verlassen.
   Hell wird unser Angesicht, ...

3. Wenn der Herr mein Hirte ist, brauch ich nicht zu zagen,
   und sein Arm wird liebend mich bis nach Hause tragen.
   Hell wird unser Angesicht, ...

4. Wenn der Herr mein Hirte ist, darf ich allzeit hoffen.
   Er hält auch in dunkler Nacht mir die Türen offen.
   Hell wird unser Angesicht, ...

5. Ich will gehn auf deiner Spur und sie nicht verlieren.
   Herr, mein Hirte, du bist nah, wirst mich sicher führen.
   Hell wird unser Angesicht, ...

Text: Barbara Cratzius
Melodie: Herbert Ring

Rechte bei den Autoren

45. Wie die helle Sonne

1. Wie die hel - le Son - ne, gro - ßer Gott, bist du.

Oh-ne dich-was wä-ren wir? Al-les, al-les kommt von dir!

Wie die hel - le Son - ne, gro - ßer Gott, bist du.

2. Jesus, du mein Heiland,
   bist der Sonnenstrahl,
   der zur Erde niederdringt
   und Gott selber zu uns bringt.
   Jesus, du mein Heiland,
   bist der Sonnenstrahl.

3. Heilger Geist, du wärmst uns
   wie die Sonnenkraft.
   Jetzt fängt neues Leben an,
   das Gott für sich brauchen kann.
   Heilger Geist, du wärmst uns
   wie die Sonnenkraft.

Text und Melodie: Mica Romano   Rechte: Gabrielle Romano

46. Wie groß ist Gottes Liebe?

2. Wie hell, wie hell, wie hell ist Gottes Liebe?
   So hell wie der Sonnenschein!
   So hell, so hell, so hell ist Gottes Liebe!
   Und immer, immer ist sie da.

3. Wie tief, wie tief, wie tief ist Gottes Liebe?
   So tief wie das große Meer!
   So tief, so tief, so tief ist Gottes Liebe!
   Und immer, immer ist sie da.

4. Wie weit, wie weit, wie weit ist Gottes Liebe?
   So weit, wie der Himmel ist!
   So weit, so weit, so weit ist Gottes Liebe!
   Und immer, immer ist sie da.

Text: Rolf Krenzer
Melodie: Detlev Jöcker

Rechte: Menschenkinder-Verlag, Münster
aus: "Viele kleine Leute"

5. Wie stark, wie stark, wie stark ist Gottes Liebe?
   So stark wie ein ein Fels im Sturm!
   So stark, so stark, so stark ist Gottes Liebe!
   Und immer, immer ist sie da.

6. Wie zart, wie zart, wie zart ist Gottes Liebe?
   So zart wie ein leichter Wind!
   So zart, so zart, so zart ist Gottes Liebe!
   Und immer, immer ist sie da.

47. Wohlauf, wir heben mit Singen an

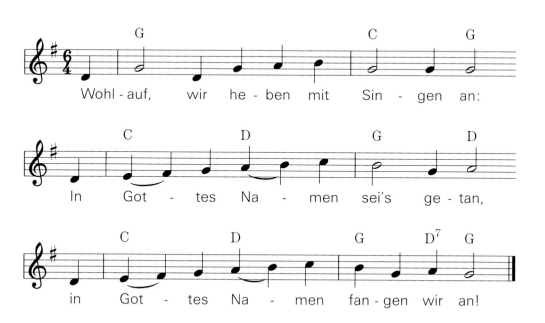

Text und Melodie: Paul Ernst Ruppel   Rechte: Möseler-Verlag, Wolfenbüttel

48. Wo ich gehe

1. Wo ich gehe, wo ich stehe, ist der liebe Gott bei mir. Wenn ich ihn auch niemals sehe, weiß ich dennoch: Gott ist hier.

2. Wenn ich lache, wenn ich weine,
ist der liebe Gott bei mir.
Hab ich Angst und bin alleine,
weiß ich dennoch: Gott ist hier.

Text: volkstümlich
Melodie: Richard Rudolf Klein

Rechte: Daimonion Verlag, Wiesbaden
aus: "Willkommen, lieber Tag", Band 1

49. Wo ist Gott?

1. Wo ist Gott? Him-mel und Er-de wur-den

durch sein Wort, rüh-men sei-ne Macht!

2. Wo ist Gott?
   Alles, was lebt, ist seiner Hände Werk,
   zeugt von seiner Macht.

3. Wo ist Gott?
   Zeiten und Welten sind zu klein für ihn,
   größer noch ist Gott.

4. Wo ist Gott?
   Kam in die Welt in Jesus, starb für uns,
   nahe kam uns Gott.

5. Wo ist Gott?
   Nur eine Handbreit neben mir ist Gott,
   bin in seiner Hand.

6. Wo ist Gott?
   Gott ist in mir durch seinen Heil'gen Geist.
   Halleluja.

Text und Melodie: Eberhard Laue

Rechte: Mundorgel Verlag, Köln
aus: "Lobkreis"

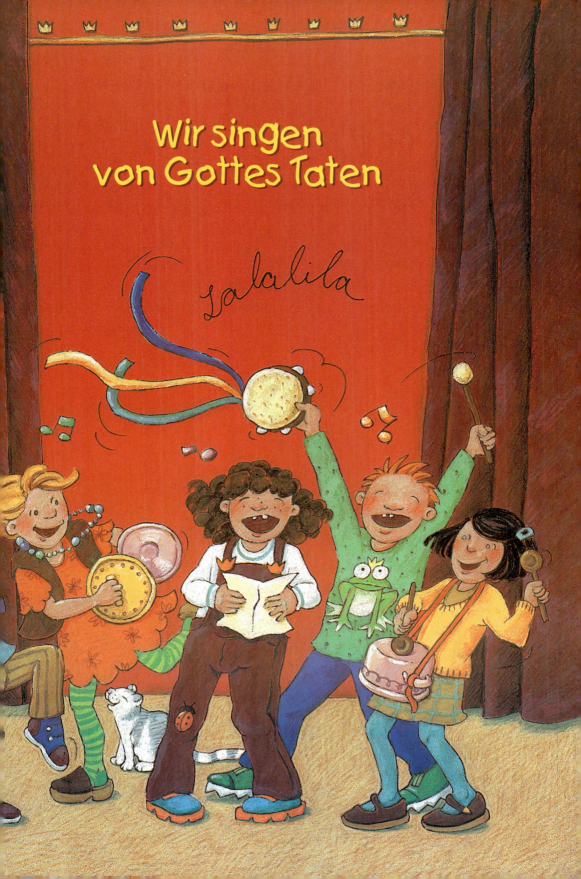

50. Auf, lasst ein Loblied erschallen

1. Auf, lasst ein Lob - lied er - schal - len!
2. Es tö - ne dem Herrn ein fröh - li - ches Lied,
3. es tö - ne dem Herrn ein fröh - li - ches Lied.

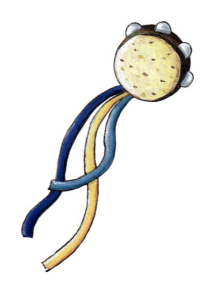

Kanon: Fr. Schneider

51. Danke für diesen guten Morgen

2. Danke für alle guten Freunde,
danke, o Herr, für jedermann.
Danke, wenn auch dem größten Feinde
ich verzeihen kann.

3. Danke, dass ich dein Wort verstehe,
danke, dass deinen Geist du gibst.
Danke, dass in der Fern' und Nähe
du die Menschen liebst.

4. Danke, dein Heil kennt keine Schranken,
danke, ich halt mich fest daran.
Danke, ach Herr, ich will dir danken,
dass ich danken kann.

Text und Melodie: Martin G. Schneider   Rechte: Gustav Bosse Verlag, Kassel

52. Dankt dem Herrn

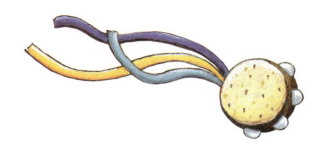

Kanon: Horst-Karl Hessel

53. Die große, schöne, weite Welt

1. Die große, schöne, weite Welt,
die Sonne und die Sterne all:
Wer hat sie gemacht?
Gott hat sie gemacht.

2. Der Heiland, der die Kinder liebt,
   der Kranke heilt, der Armen hilft:
   Wer hat ihn gesandt?
   Gott hat ihn gesandt.

3. Der Geist, der unser Herz erfüllt,
   uns Leben gibt und fröhlich macht:
   Wer hat ihn geschenkt?
   Gott hat ihn geschenkt.

4. Das Volk, das Gottes Worte hört
   und freudig seine Taten preist:
   Wer hat es erwählt?
   Gott hat es erwählt.

Text: Mainzer Arbeitskreis
Melodie: Heinrich Rohr   Rechte: Christophorus-Verlag, Freiburg

54. Du hast die Augen mir geschenkt

1. Du hast die Augen mir geschenkt, ich seh die Blumen, Mensch und Tier, die Sterne, Mond und Sonnenschein; du lieber Gott, ich danke dir. Herr, ich dank dir für mein Leben, du hast mich von Anbeginn gelenkt. Deine Gaben möcht ich weitergeben, möchte teilen, was du mir geschenkt.

Text: Barbara Cratzius
Melodie: Herbert Ring

Rechte bei den Autoren

2. Du hast die Ohren mir geschenkt,
   ich lausch den Vögeln und dem Wind.
   Die Eltern reden lieb mit mir,
   und du, Herr, sprichst mit deinem Kind.
   Herr, ich dank dir ...

3. Du hast die Hände mir geschenkt,
   ich spür das Wasser, Holz und Sand,
   das weiche Fell, den harten Stein,
   die Feder, die am Weg ich fand.
   Herr, ich dank dir ...

4. Du hast die Füße mir geschenkt,
   Herr, lenke du auch meinen Schritt.
   Zeig du den Weg zum Bruder mir
   und geh auf meinen Wegen mit.
   Herr, ich dank dir ...

5. Du hast mir auch mein Herz geschenkt,
   in Freud und Trauer mich geführt.
   Du hast mich lieb und tröstest mich,
   das hab ich jeden Tag gespürt.
   Herr, ich dank dir ...

55. Halleluja

Kanon: engl. 19. Jahrhundert

56. Herr, so groß ist unsre Erde

1. Herr, so groß ist unsre Erde, du schickst deiner Sonne Glanz, und des Nachts vom dunklen Himmel funkelt goldner Sternentanz.

2. Herr, du gabst uns Kraft und Würde,
hast uns deinen Geist geschenkt,
legtest uns die Welt zu Füßen,
und dein Wort hat uns gelenkt.

3. Du schufst Leben auf der Erde,
Wasser, Himmel, Luft und Land,
machtest uns zum Herrn und Hüter,
führe du auch unsre Hand.

4. Aus dem Munde aller Kinder
tönt mit Macht der Lobgesang.
Herr, schenk Frieden allen Menschen.
Dir sei ewig Preis und Dank.

Text: Barbara Cratzius
Melodie: Rolf Schweizer

Rechte bei den Autoren

57. Ich will dem Herrn singen

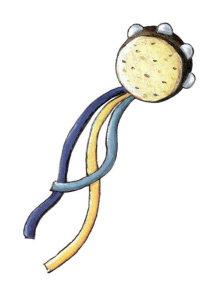

Kanon: Johannes Petzold   Rechte: Strube Verlag, München–Berlin

58. Jubelt dem Herrn

1. Ju-belt dem Herrn, ju-belt Gott al-le Lan-de, hal-le-lu-ja, hal-le-lu-ja!
2. Prei-set sei-nen hei-li-gen Na-men, hal-le-lu-ja, hal-le-lu-ja!
3. Kün-det sein Heil, sein Heil al-len Völ-kern, hal-le-lu-ja, hal-le-lu-ja!

Text: H. Stüsser
Kanon: H. Reisdorf

59. Lieber Gott, ich danke dir

2. Dass ich mit dir sprechen kann,
   und du hörst mir zu:
   Lieber Gott ich freue mich.
   Danke, danke, du!

3. Lieber Gott, ich danke dir,
   dass du bei mir bist,
   dass du alle Menschen liebst
   und mich nicht vergisst.

Text: Marianne Schmidt
Melodie: Fritz Baltruweit

Rechte: tvd-Verlag, Düsseldorf
aus: "Meine Liedertüte"

60. Lobet und preiset

1. Lo - bet und prei - set, ihr Völ - ker, den Herrn;

2. freu - et euch sei - ner und die - net ihm gern.

3. All ihr Völ - ker, lo - bet den Herrn.

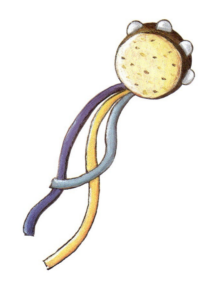

61. Nun lasst uns fröhlich singen

1. Nun lasst uns fröh-lich sin - gen von all den schö-nen Din - gen, die Got-tes Lieb er - dacht, aus nichts her - vor - ge - bracht.

2. Den Mond bewegt er leise,
   bestimmt der Sterne Kreise,
   sorgt, dass nach dunkler Nacht
   tags hell die Sonne lacht.

3. Er gibt uns seine Gaben,
   was wir an Schönem haben:
   den hellen Sonnenschein
   und Lust zum Fröhlichsein.

4. Da lasst uns also loben
   den guten Vater droben,
   der immer wieder gibt
   und uns von Herzen liebt.

Text und Melodie: J. Guntram / H. Birkele   Rechte: Verlag Lorenz Senn, Tettnang
aus: "Schülermessen Grundschule II", Nr. 6

62. Rühmen will ich täglich neu

Rüh-men will ich täg-lich neu dei-ne gro-ße Güt und Treu, sin-gen will ich deiner Gnad, die mich fest-hält früh und spat, dan-ken auch fürs täg-lich Brot, das du uns schenkst, du gu-ter Gott.

Text und Melodie: Marianne Stoodt   Rechte: Vandenhoeck & Ruprecht, Göttingen
aus: „Die Schöpfung erleben"

63. Singt dem Herren

Singt dem Her-ren, sin-get ihm und ju-bi-lie-ret al-le-samt in
(liert) (singt)

die-ser Mor-gen-stun-de, kom-met her-bei und dan-ket ihm.
(kommt)

Text: Fritz Jöde
Kanon: Michael Praetorius

Rechte: Möseler-Verlag, Wolfenbüttel
aus: "Der Kanon"

64. Singet, singet

Sin - get, sin - get, sin - get dem Herrn ein

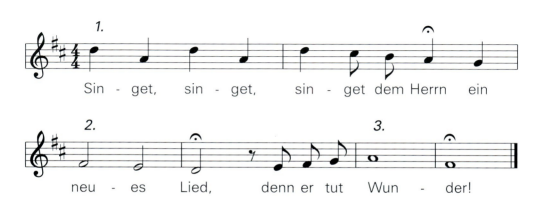

neu - es Lied, denn er tut Wun - der!

65. Unser Lied nun erklingt

2. Sieh, die herrliche Welt!
   Sieh die Blumen im Feld!
   Hör die Vögel im Wald:
   Nun ihr Loblied erschallt:
   Heilig, heilig, heilig bist du!

3. Auch wir Kinder sind da,
   deine fröhliche Schar,
   und wir tragen im Chor
   unser Loblied dir vor:
   Heilig, heilig, heilig bist du!

Text: Hermann Bergmann
Melodie: Hartmut Wortmann
Rechte: Lahn-Verlag, Limburg-Kevelaer
aus: Liederbuch und CD "Es läuten alle Glocken"

66. Und wie der kleine Vogel singt

Und wie der klei - ne Vo - gel singt,

so dan - ken wir dem Herrn.

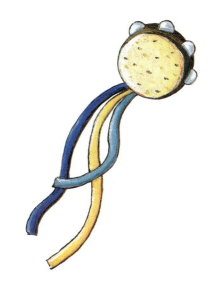

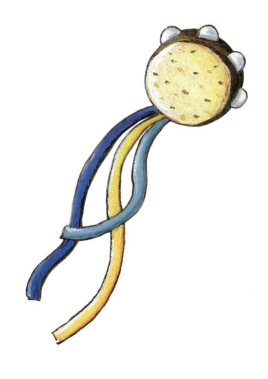

67. Die erste Kerze zündet an!

1. Die erste Kerze zündet an! Seht, wie hell sie brennt! Jeder sich nun freuen kann.
Refrain: Herr, komm im Advent! Tragt das Licht aus unserm Haus in die dunkle Welt hinaus!

2. Es brennt die zweite Kerze heut!
   Seht den hellen Schein!
   Auf die Tür, die Tore weit.
   Herr, kehr bei uns ein!
   Tragt das Licht ...

3. Seht dort am Kranz das dritte Licht,
   wie es leuchtet weit!
   Hört, ihr Menschen: Sorget nicht,
   macht das Herz bereit!
   Tragt das Licht ...

4. Wir zünden alle Kerzen an.
   Seht, der Herr ist nah!
   Jeder jubeln, singen kann:
   Christus ist bald da!
   Tragt das Licht ...

Text: Barbara Cratzius
Melodie: Herbert Ring

Rechte bei den Autoren

68. Ein heller Stern

1. Ein heller Stern hat in der Nacht die Botschaft in die Welt gebracht. Ein heller Stern hat in der Nacht die Botschaft in die Welt gebracht. Gloria! Gloria! Halleluja. Gloria! Gloria! Halleluja.

2. Die Engel haben auf dem Feld den Hirten es zuerst erzählt.
   Gloria! Gloria! Halleluja.

3. Die Hirten ließen alles stehn, um zu dem Kind im Stall zu gehn.
   Gloria! Gloria! Halleluja.

4. Maria wusst es lange schon: Das Kind im Stroh ist Gottes Sohn.
   Gloria! Gloria! Halleluja.

5. Und Josef auch, der Zimmermann, nimmt dieses Kind in Liebe an.
   Gloria! Gloria! Halleluja.

6. So wissen alle nun davon: Gott schenkt uns seinen eignen Sohn.
   Gloria! Gloria! Halleluja.

7. Drum freut euch all, ihr lieben Leut! Dankt Gott und feiert
   Weihnacht heut! Gloria! Gloria! Halleluja.

Text: Rolf Krenzer Rechte: Menschenkinder-Verlag, Münster
Melodie: Detlev Jöcker aus: "Heute leuchten alle Sterne"

Zu diesem Lied existiert eine weitere Strophe

69. Freu dich, Erd und Sternenzelt

2. Ruft die Botschaft froh hinaus,
   Halleluja;
   nehmt sie mit in jedes Haus.
   Halleluja.
   Uns zum Heil ...

3. Gott erbarmt sich dieser Welt,
   Halleluja;
   singe, Erd und Sternenzelt,
   Halleluja.
   Uns zum Heil ...

70. Jetzt ist die Zeit zum Freuen

1. Jetzt ist die Zeit zum Freuen.
Wir zünden Lichter an,
dass unsre Weihnachtsfreude
man weithin sehen kann.

2. Wir schmücken unsre Stuben
mit Tannenzweig und Stern,
wir machen uns Geschenke
und essen gut und gern.

3. Und unterm Christbaum singen
wir Lieder von der Nacht,
die uns das große Wunder,
den Heiland, hat gebracht.

4. Und alles ist ein Zeichen,
dass Gott die Menschen liebt
und dass er heut und immer
uns soviel Freude gibt.

Text und Melodie: Martin Gotthard Schneider   Rechte beim Autor

71. Kommet, ihr Hirten

1. Kommet, ihr Hirten, ihr Männer und Fraun,
kommet, das liebliche Kindlein zu schaun.

Christus, der Herr, ist heute geboren, den Gott zum Heiland

euch hat erkoren: Fürchtet euch nicht!

2. Lasset uns sehen in Bethlehems Stall,
was uns verheißen der himmlische Schall.
Was wir dort finden, lasset uns künden,
lasset uns preisen in frommen Weisen:
Halleluja.

3. Wahrlich, die Engel verkündigen heut
Bethlehems Hirtenvolk gar große Freud.
Nun soll es werden Friede auf Erden,
den Menschen allen ein Wohlgefallen:
Ehre sei Gott.

Text: Karl Riedel
Melodie: unbekannt

72. Kommt und seht

1. Kommt und seht, kommt und seht
hoch den Stern am Himmel stehn.
Kommt und geht, kommt und geht,
um das Wunder anzusehn.

2. Engel sind, Engel sind
uns erschienen auf dem Feld.
Von dem Kind, von dem Kind
haben sie uns viel erzählt.

3. Gottes Kind, Gottes Kind
liegt im Stall auf Heu und Stroh.
Darum sind, darum sind
wir heut Nacht von Herzen froh.

4. Kommt und geht, kommt und geht,
um das Wunder anzusehn.
Kommt und seht, kommt und seht,
was heut Nacht im Stall geschehn!

Text: Rolf Krenzer
Melodie: Detlev Jöcker

Rechte: Menschenkinder-Verlag, Münster
aus: "Heute leuchten alle Sterne"

73. Singt alle mit frohem Schalle

1. Singt al - le mit fro - hem Schal - le! Heut ist ein

Kin - de-lein, das lie - be Je - su-lein, für uns ge - bo - ren.

2. Kommt alle
   zum armen Stalle!
   Hier ist ein Kindelein,
   das liebe Jesulein,
   für uns geboren.

3. Folgt gerne
   dem hellen Sterne!
   Er zeigt, wo's Kindelein,
   das liebe Jesulein,
   für uns geboren.

4. Bringt alle
   euer Herz zum Stalle!
   Bringt es dem Kindelein,
   dem lieben Jesulein,
   das für uns geboren.

Text und Melodie: Hans Coenen

74. Uns ist ein Kind geboren

1. Uns ist ein Kind ge-bo-ren, ein Sohn ist uns ge-ge-ben:
Nun strah-len dunk-le Näch-te, hell wird auch un-ser Le-ben. Herr, schen-ke uns dei-nen Frie-den.

2. Uns ist ein Kind geboren,
ein Sohn ist uns gegeben.
Wir sind nicht mehr verloren,
er will ins Licht uns heben.
Herr, schenke uns deinen Frieden.

3. Uns ist ein Kind geboren,
ein Sohn ist uns gegeben,
will unser Heiland werden,
dass wir von neuem leben.
Herr, schenke uns deinen Frieden.

Text: Barbara Cratzius
Melodie: Herbert Beuerle

Rechte: Text: Barbara Cratzius
Melodie: Strube Verlag, München – Berlin

75. Vom Christkind wollen wir singen

1. Vom Christkind wollen wir singen, von dem Christkind singen wir froh. Es hat in der Krippe gelegen, in dem Stall, in der Krippe, im Stroh. Es hat in der Krippe gelegen, in dem Stall, in der Krippe, im Stroh.

Text: Rolf Krenzer
Melodie: Detlev Jöcker

Rechte: Menschenkinder-Verlag, Münster
aus: "Lieber Herbst und lieber Winter"

Zu diesem Lied existiert eine weitere Strophe

2. Es wurde am Heiligen Abend
   von Maria zur Welt gebracht.
   So ist hier das Christkind geboren
   in dem Stall in der Heiligen Nacht.

3. Als einst das Kind hier geboren,
   haben Hirten Engel gesehn.
   Und Engel, sie haben verkündet,
   was im Stall in der Nacht ist geschehn.

4. So sind die Hirten gekommen,
   um im Stall das Wunder zu sehn.
   Als sie dann das Christkind begrüßten,
   durften sie auch das Wunder verstehn.

5. Vom Christkind wollen wir singen.
   Gottes Sohn macht uns alle froh.
   Darum ist er zu uns gekommen,
   in dem Stall, in der Krippe, im Stroh.

76. Wacht auf und schlaft nicht mehr

Text: Rolf Krenzer
Melodie: Detlev Jöcker

Rechte: Menschenkinder-Verlag, Münster
aus: "Hört ihr alle Glocken läuten"

2. Wacht auf und schlaft nicht mehr
hier draußen bei der Herde.
Geboren ist der Herr
des Himmels und der Erde!
Lauft, lauft zum Stall geschwind,
ihr findet Gottes Kind.
Lauft, lauft zum Stall geschwind,
ihr findet Gottes Kind.
Wacht auf und schlaft nicht mehr
hier draußen bei der Herde.

3. Wacht auf und schlaft nicht mehr,
dass allen kund es werde.
Geboren ist der Herr!
Sein Licht geht um die Erde!
Lauft, lauft zum Stall hinaus!
Schickt Gottes Botschaft aus!
Lauft, lauft zum Stall hinaus!
Schickt Gottes Botschaft aus!
Wacht auf und schlaft nicht mehr,
dass allen kund es werde.

77. Wir sagen euch an

1. Wir sagen euch an den lieben Advent.
   Wir sagen euch an eine heilige Zeit.
   Sehet, die erste Kerze brennt.
   Machet dem Herrn den Weg bereit.
   Freut euch, ihr Christen, freuet euch sehr.
   Schon ist nahe der Herr.

2. Wir sagen euch an den lieben Advent.
   Sehet, die zweite Kerze brennt.
   So nehmet euch eins um das andere an,
   wie auch der Herr an uns getan.
   Freut euch, ihr Christen, ...

3. Wir sagen euch an den lieben Advent.
   Sehet, die dritte Kerze brennt.
   Nun tragt eurer Güte hellen Schein
   weit in die dunkle Welt hinein.
   Freut euch, ihr Christen, ...

4. Wir sagen euch an den lieben Advent.
   Sehet, die vierte Kerze brennt.
   Gott selber wird kommen, er zögert nicht.
   Auf, auf, ihr Herzen, und werdet licht.
   Freut euch, ihr Christen, ...

Text: Maria Ferschl
Melodie: Heinrich Rohr
Rechte: Christophorus-Verlag, Freiburg

78. Wir spüren Gottes Segen

1. Wir spü-ren Got-tes Se - gen nun wie-der im Ad - vent.

Auf un-sern dun-klen We - gen ein hel-les Licht uns brennt.

2. Wir spüren Gottes Segen
an jedem Tage neu.
Der Herr kommt uns entgegen,
das macht uns froh und frei.

3. Gott selber will uns führen,
es strahlt des Sternes Schein.
Gott öffnet Tor und Türen
und lädt uns alle ein.

Text: Barbara Cratzius
Melodie: Herbert Beuerle

Rechte: Strube Verlag, München–Berlin

79. Wir warten auf den Einen

2. Wir warten auf den Einen,
   den Gott verheißen hat!
   Wir warten in den Dörfern,
   wir warten in der Stadt,
   auf ihn, den Freund der Kinder,
   der Armen in der Welt,
   der alle dunklen Nächte
   mit seinem Licht erhellt.

3. Erhörst du unser Rufen?
   Wir sind doch alle dein!
   Komm du in unsre Mitte,
   wir wollen dankbar sein.
   Der Heiland aller Menschen,
   der kommt ja auch für mich!
   Sohn Gottes, Freund, Erlöser,
   ich warte sehr auf dich!

Text: Marina Thudichum
Melodie: Erna Woll

Rechte bei den Autorinnen

80. Wisst ihr noch, wie es geschehen?

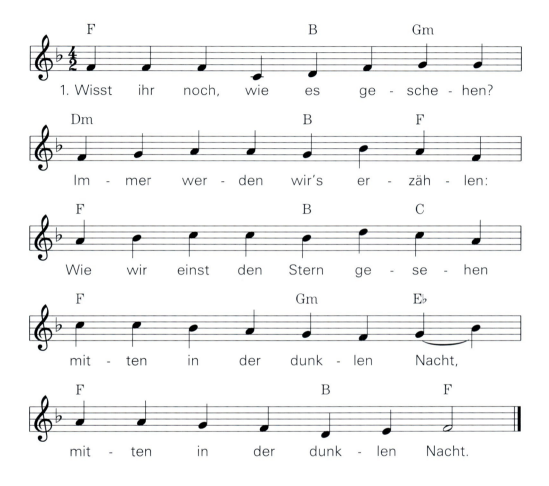

2. Stille war es um die Herde.
   Und auf einmal war ein Leuchten
   und ein Singen ob der Erde,
   dass das Kind geboren sei!

3. Eilte jeder, dass er's sähe
   arm in einer Krippe liegen.
   Und wir fühlten Gottes Nähe.
   Und wir beteten es an.

Text: Hermann Claudius
Melodie: Christian Lahusen

Rechte: Bärenreiter-Verlag, Kassel
aus: "Neue Weihnachtslieder"

81. Ein neues Jahr
(Neujahr)

1. Ein neu - es Jahr nimmt sei - nen Lauf.
4. Und Gott, der e - wig mit uns war,

1. Die jun - ge Son - ne steigt her - auf.
4. be - hüt uns auch im neu - en Jahr!

2. { Bald schmilzt der Schnee, bald taut das Eis.
   { Bald schwillt die Knos - pe schon am Reis.
3. { Bald werden die Wie - sen voll Blu - men sein,
   { die Äcker voll Korn, die Hügel voll Wein.

Text: volkstümlich
Melodie: Richard Rudolf Klein

Rechte: Fidula-Verlag, Boppard/Rhein und Salzburg
aus: Kinder musizieren, Heft 7, "Kinderlieder und -reime"

82. Hört das Lied der finstern Nacht

1. Hört das Lied der fins-tern Nacht, Nacht voll Sün-de und voll Not, hört was drin ge-schah, fern und doch so nah:

2. Judas geht, und es ist Nacht,
   Nacht voll Sünde und Verrat,
   Jesus lässt ihn gehn,
   denn es muss geschehn.

3. Alle fliehen; es ist Nacht,
   Nacht voll Sünde und voll Angst,
   Jesus steht allein
   in dem Fackelschein.

4. Kaiphas richtet; es ist Nacht,
   Nacht voll Sünde und voll Hass.
   Jesus leidet still,
   wie's der Vater will.

5. Petrus leugnet, es ist Nacht,
   Nacht voll Sünde und voll Schuld.
   Jesus blickt ihn an;
   draußen kräht der Hahn.

6. Jesus stirbt. Da wird es Nacht;
   doch er bricht die Finsternis,
   reißt durch seinen Tod
   uns aus Nacht und Not.

Text und Melodie: Erhard Anger   Rechte: Deutscher Verlag für Musik, Leipzig

83. Christus ist auferstanden

2. Er hat den Tod bezwungen,
   das Leben uns errungen.
   Drum lasst uns fröhlich singen
   und Halleluja klingen.
   Halleluja, ...

3. So wie er aufgenommen,
   wird er auch wiederkommen.
   Drum lasst uns fröhlich singen
   und Halleluja klingen.
   Halleluja, ...

Text und Melodie: volkstümlich   Rechte Satz: Verlag Singende Gemeinde, Wuppertal
Satz: Paul Ernst Ruppel   aus: "Wir loben Gott"

84. Am Kreuz gestorben

1. Am Kreuz gestorben ist Christus, der Herr.
   Da weinen die Kleinen und Großen so sehr.

2. Im Grab gelegen hat Christus, der Herr.
   Da trauern die Kleinen und Großen so sehr.

3. Doch auferstanden ist Christus, der Herr.
   Da weinen die Kleinen und Großen nicht mehr.

4. Und immer bei uns ist Christus, der Herr.
   Da freun sich die Kleinen und Großen noch mehr.

5. Ja, immer bei uns ist Christus, der Herr.
   Wir singen und tanzen und freun uns so sehr!

6. Ja, immer bei uns ist Christus, der Herr.
   Drum feiern wir Ostern und freun uns so sehr!

Text: Rolf Krenzer
Melodie: Paul G. Walter

Rechte: Strube Verlag, München–Berlin
aus: "Jesus lädt die Kinder ein"

85. Du hast, o Gott, des Jahres Lauf
(Erntedank)

1. Du hast, o Gott, des Jahres Lauf gekrönt in deiner Macht: der Felder Samen gingen auf, es glänzt der Erde Pracht.

2. Du hast das ganze Land erfreut,
   du ließt den Regen fließen,
   dass aus der dunklen Erd' erneut
   die Halme konnten sprießen.

3. Nun wogt das reife Korn im Tal,
   nun gibt es keine Not;
   nun jauchzt und singt man überall;
   denn du gabst uns das Brot.

Text: Elisabeth Gräfin von Vitzthum
Melodie: Richard Rudolf Klein

Rechte: Fidula-Verlag, Boppard/Rhein und Salzburg
aus: „Kinderpsalmen"

86. Guter Gott, wir loben dich

1. Guter Gott, wir loben dich. Guter Gott, wir bitten dich: für die Menschen auf der Erde, dass sie leiden keine Not. Du lässt das Getreide wachsen für unser täglich Brot.

2. Guter Gott, wir loben dich.
   Guter Gott, wir danken dir:
   für das Obst und das Gemüse,
   für den Sonnenschein, den Wind.
   Und wir danken für den Regen,
   der der Erde Segen bringt.

3. Guter Gott, wir loben dich.
   Guter Gott, wir danken dir:
   für die Vögel und die Blumen
   und dafür, dass du uns liebst,
   und wir danken dir für alles,
   was du uns so gnädig gibst.

Text und Melodie: Regina Steinberger

87. Soviel Blümlein in den Feldern
(Zum Muttertag)

1. So - viel Blüm - lein in den Fel - dern,
   so - viel Zweig - lein in den Wäl - dern,
   so - viel Sand im tie - fen Meer,
   Ster - ne hin - term Wol - ken - heer,
   so - viel mal und oh - ne En - de
   regst für uns du dei - ne Hän - de.

2. Soviel mal im Sommerregen
   Tropfen fallen allerwegen,
   soviel Stunden hat das Jahr,
   soviel und noch öfter gar
   soll der liebe Gott dein Leben
   ganz mit Glück und Gnad umgeben!

Text: Heinrich Breuer
Melodie: Rudolf Richard Klein
Rechte: Fidula-Verlag, Boppard/Rhein und Salzburg
aus: Kinder musizieren, Heft 7, "Kinderlieder und -reime"

88. Unter allen guten Gaben

1. Un-ter al-len gu-ten Ga-ben uns-res Got-tes, der uns liebt,

ist die be-ste, die er gibt, dass wir ei-ne Mut-ter ha-ben.

2. Gott gab unsrer Mutter Hände,
   um zu lindern jeden Schmerz.
   Er gab ihr ein festes Herz,
   das uns liebhat ohne Ende.

3. Er gab Augen, treu zu wachen
   über jedem Kindertag;
   gab Geduld, um ohne Klag
   Böses wieder gutzumachen.

4. Lieber Gott, wir bitten heute:
   Hab auf unsre Mutter acht,
   schenk ihr Ruhe in der Nacht
   und steh ihr am Tag zur Seite.

5. Hilf uns, dass wir nicht betrüben
   deine und der Mutter Treu.
   Lehr uns jeden Morgen neu
   fröhlich danken, herzlich lieben.

Text und Melodie:
Mathilde und Ilse Sibbers

89. Zum Geburtstag kommen wir

Zum Ge-burts-tag kom-men wir, und wir gra-tu - lie-ren dir.

Freu-de, Glück und gu-tes Le-ben mö-ge dir der Him-mel ge-ben.

Ja, das wün-schen wir und gra - tu - lie - ren dir!

Text: Rolf Krenzer
Melodie: Detlev Jöcker

Rechte: Menschenkinder-Verlag, Münster
aus: "Geburtstagslieder"

So ein schöner Tag

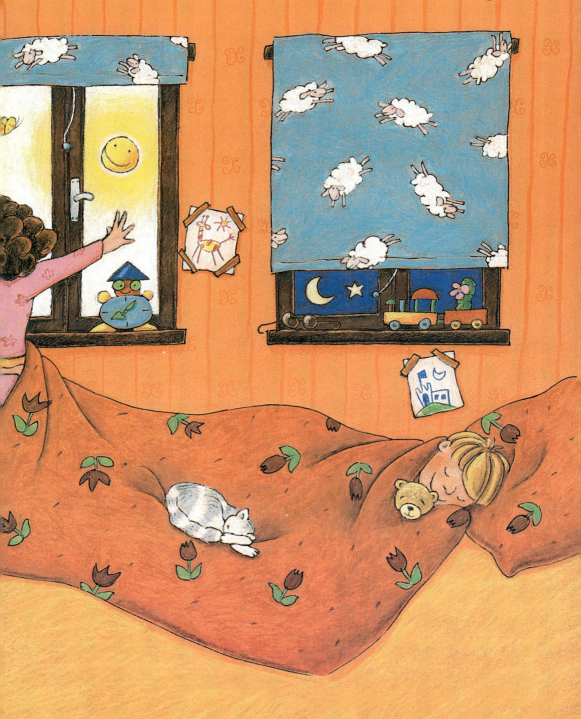

90. Ein neuer Tag ist da

1. Ein neu-er Tag ist da. Wir wün-schen 'Gu-ten Mor-gen'.

Herr, sei uns heu-te nah. Bei dir sind wir ge-bor-gen.

2. Ein neuer Tag ist da.
   Wir wollen froh beginnen.
   Herr, gib uns deine Kraft,
   so kann der Tag gelingen.

3. Ein neuer Tag ist da.
   Wir stehen auf und gehen.
   Herr, zeige uns den Weg
   und lass dein Licht uns sehen.

4. Ein neuer Tag ist da.
   Wir reichen uns die Hände.
   Herr segne unser Tun,
   das Böse von uns wende.

5. Ein neuer Tag ist da.
   Wir beten in der Stille,
   dass in der ganzen Welt
   geschehen mag dein Wille.

6. Ein neuer Tag ist da,
   ein neuer Tag zum Leben.
   Aus deiner Ewigkeit
   hast du ihn uns gegeben.

Text: Reinhard Bäcker
Melodie: Detlev Jöcker

Rechte: Menschenkinder-Verlag, Münster
aus: "Viele kleine Leute"

91. Der Mond ist aufgegangen

1. Der Mond ist aufgegangen, die goldnen Sternlein prangen am Himmel hell und klar. Der Wald steht schwarz und schweiget, und aus den Wiesen steiget der weiße Nebel wunderbar.

2. Wie ist die Welt so stille
und in der Dämmrung Hülle
so traulich und so hold
als eine stille Kammer,
wo ihr des Tages Jammer
verschlafen und vergessen sollt.

3. So legt euch denn, ihr Brüder,
in Gottes Namen nieder;
kalt ist der Abendhauch.
Verschon uns, Gott, mit Strafen
und lass uns ruhig schlafen
und unsern kranken Nachbarn auch.

Text: Matthias Claudius
Melodie: Johann Abraham Peter Schulz

92. Der Tag ist zu Ende

1. Der Tag ist zu Ende. Gott, dir in die Hände legen wir alles, was war. Deck zu alles Böse, von Angst uns löse und schütze uns vor aller Gefahr.

2. Nimm an unser Bitten.
   Gott, du kannst behüten
   Freunde, die fern sind und nah,
   hilf du allen Kranken.
   Wir wollen dir danken,
   Herr Gott, für das, was heute geschah.

Text und Melodie: Günther Kretschmar   Rechte: Strube Verlag, München–Berlin

93. Für heute eine gute Nacht
(Kanon)

Für heu - te ei - ne gu - te Nacht,

für mor - gen ei - nen gu - ten Tag.

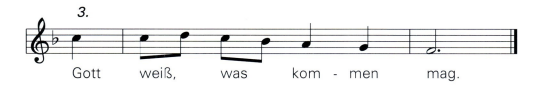

Gott weiß, was kom - men mag.

Text und Melodie: Gerhard Willmitzer

Rechte: Fidula-Verlag, Boppard/Rhein und Salzburg
aus: "Der Eisbrecher"

94. Heut war ein schöner Tag

1. Heut war ein schö-ner Tag. Die Son-ne hat mich müd ge-macht, ich hab ge-spielt, ich hab ge-lacht, dar-um ich dank-bar sag: Heut war ein schö-ner Tag.

2. Gib eine gute Nacht.
   Dass jedem, der noch sorgt und weint,
   wenn er erwacht, die Sonne scheint,
   du hast ja auf uns acht.
   Gib eine gute Nacht.

Text und Melodie: Martin Gotthard Schneider   Rechte beim Autor

95. Ich falte meine Hände

1. Ich fal-te mei-ne Hän-de und be-te still.

Dann fällt mir ein, wo-für ich Gott auch

heu-te dan-ken will. heu-te dan-ken will.

2. Ich falte meine Hände und bete still.
   Dann fällt mir ein, wofür ich Gott
   auch heute bitten will.

3. Wir falten unsre Hände und beten still,
   dass Gott uns hört und weiß, wofür
   ihm jeder danken will.

4. Wir falten unsre Hände und beten still,
   dass Gott uns hört und weiß, wofür
   ihn jeder bitten will.

Text: Rolf Krenzer
Melodie: Detlev Jöcker

Rechte: Menschenkinder-Verlag, Münster
aus: "Wir kleinen Menschenkinder"

96. So ein schöner Tag

1. So ein schö - ner Tag war heu - te,
   lie - ber Gott, und so - viel Freu - de
   hat er wie - der mir ge-bracht.
   Dank-bar sag ich: Gu - te Nacht! Gu - te Nacht!

2. Vater, Mutter, alle Lieben
   seien in dein Herz geschrieben.
   Mit den Menschen hab Erbarmen,
   denke auch an alle Armen!
   Gute Nacht!

Text: unbekannt
Melodie: Richard Rudolf Klein

Rechte: Daimonion Verlag, Wiesbaden
aus: "Willkommen, lieber Tag" Band 2

97. Weißt du, wieviel Sternlein stehen

1. Weißt du, wieviel Sternlein stehen an dem blauen Himmelszelt?
Weißt du, wieviel Wolken gehen weithin über alle Welt?
Gott, der Herr, hat sie gezählet, dass ihm auch nicht eines fehlet
an der ganzen großen Zahl, an der ganzen großen Zahl.

2. Weißt du, wieviel Mücklein spielen
in der heißen Sonnenglut,
wieviel Fischlein auch sich kühlen
in der hellen Wasserflut?
Gott, der Herr, rief sie mit Namen,
dass sie all ins Leben kamen,
dass sie nun so fröhlich sind.

3. Weißt du, wieviel Kinder frühe
stehn aus ihrem Bettlein auf,
dass sie ohne Sorg' und Mühe
fröhlich sind im Tageslauf?
Gott im Himmel hat an allen
seine Lust, sein Wohlgefallen,
kennt auch dich und hat dich lieb.

Text: Wilhelm Hey
Melodie: Volkslied

98. Wenn es Abend wird

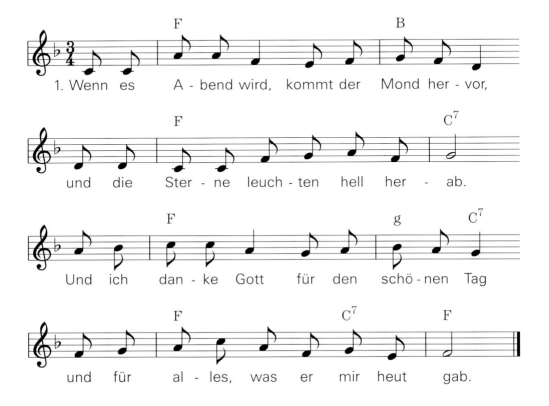

1. Wenn es Abend wird, kommt der Mond hervor,
und die Sterne leuchten hell herab.
Und ich danke Gott für den schönen Tag
und für alles, was er mir heut gab.

2. Wenn es Abend wird, gehn die Blümelein
und die Tiere überall zur Ruh.
Müde bin auch ich von dem schönen Spiel,
geh zu Bett und deck mich fröhlich zu.

3. Wenn es Abend wird, bin ich nicht allein,
denn ein Engel schützt mich Tag und Nacht.
Und so schlafen wir alle fröhlich ein,
bis ein neuer schöner Tag erwacht.

Text und Melodie:
Margret Birkenfeld

Rechte: © 1982 Musikverlag Klaus Gerth, Asslar
aus: "Ja, Gott hat alle Kinder lieb"

99. Wenn kleine Vögel müde sind

2. Wenn kleine Kätzchen müde sind,
   dann machen sie's wie's Vogelkind:
   Sie schließen fest die Augen zu
   und schlafen ein, genau wie du.

3. Wenn kleine Igel müde sind,
   roll'n sie sich ein wie's Katzenkind:
   Sie schließen fest die Augen zu
   und schlafen ein, genau wie du.

4. Am Tag und auch in dunkler Nacht
   gibt Gott der Herr auf alle acht,
   drum schlafen sie jetzt ganz mit Ruh',
   von ihm beschützt, genau wie du.

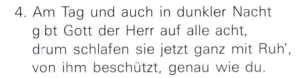

Text und Melodie: Angelika Blum

Rechte: Verlag Johannis, Lahr, 1996
aus: "Das kunterbunte Kinderbuch"

100. Wer hat die schönsten Schäfchen

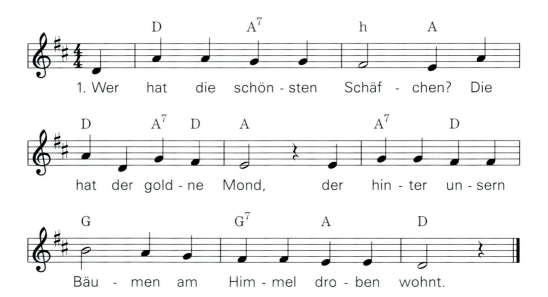

1. Wer hat die schönsten Schäfchen?
Die hat der gold-ne Mond,
der hinter unsern Bäumen
am Himmel droben wohnt.

2. Er kommt am späten Abend,
wenn alles schlafen will,
hervor aus seinem Hause
zum Himmel leis und still.

3. Dann weidet er die Schäfchen
auf seiner blauen Flur,
denn all die weißen Sterne
sind seine Schäfchen nur.

Text: Hoffmann von Fallersleben
Melodie: J. F. Reichard

Inhalt

Seite

Meinem Gott gehört die Welt
Gottes Schöpfung

1. Das Samenkorn	6
2. Dass ich mit meinen Augen sehe	7
3. Du hast uns deine Welt geschenkt	9
4. Es ist nichts von selbst gekommen	10
5. Geh aus, mein Herz	10
6. Gott, dir will ich herzlich danken	12
7. Kein Tierlein ist auf Erden	13
8. Meine Füße hast du wunderbar gemacht	15
9. Meinem Gott gehört die Welt	16
10. So viel Freude	17
11. Vöglein im hohen Baum	18
12. Was nah ist und was ferne	19
13. Wer hat die Blumen nur erdacht	20
14. Wer hat die Sonne denn gemacht?	21

Lasst die Kinder zu mir kommen
Bibellieder

15. Abraham	24
16. Die Jünger fuhren auf dem See	25
17. Dieser Sohn, jener Sohn	26
18. Ein kleines Schäfchen	28
19. Ein Mann hat viele Söhne	29
20. Es zog ein Mann nach Jericho	30
21. Gott hat die Welt erschaffen	32
22. Josef war ein junger Mann	33
23. Lasst die Kinder zu mir kommen	34
24. Wir fahren übern See	35

Gott ist mitten unter uns
Glaube und Leben mit Gott

25. Danket Gott, denn er ist gut	38
26. Die dunklen Wolken gehen	39
27. Die Spatzen kaufen niemals ein	40
28. Du, Gott, ich weiß	41
29. Du, Gott, stützt mich	41
30. Gott hört mich, wenn ich bete	42
31. Gott sagt uns immer wieder	43
32. Gott will bei euch wohnen	44
33. Ich will auf Jesus Christus schauen	46
34. Im Namen Gottes	47
35. Kleine Tropfen Wasser	48
36. Kommt alle her	49

Seite

37. Kommt, alle Kinder	50
38. Gott ist mitten unter uns	51
39. Lasst uns Jesu Helfer sein	52
40. Mir ist ein Licht aufgegangen	53
41. Segne und behüte	54
42. Sieh die Blumen auf dem Felde	55
43. Weil ich Jesu Schäflein bin	56
44. Wenn der Herr mein Hirte ist	57
45. Wie die helle Sonne	58
46. Wie groß ist Gottes Liebe	59
47. Wohlauf, wir heben mit Singen an	60
48. Wo ich gehe	61
49. Wo ist Gott?	62

Wir singen von Gottes Taten
Lob- und Danklieder

50. Auf, lasst ein Loblied erschallen	66
51. Danke für diesen guten Morgen	67
52. Dankt dem Herrn	68
53. Die große, schöne, weite Welt	69
54. Du hast die Augen mir geschenkt	70
55. Halleluja	72
56. Herr, so groß ist unsre Erde	73
57. Ich will dem Herrn singen	74
58. Jubelt dem Herrn	75
59. Lieber Gott, ich danke dir	76
60. Lobet und preiset	77
61. Nun lasst uns fröhlich singen	78
62. Rühmen will ich täglich neu	79
63. Singt dem Herren	80
64. Singet, singet	80
65. Unser Lied nun erklingt	81
66. Und wie der kleine Vogel singt	82

Jetzt ist die Zeit zum Freuen
Lieder zum Kirchenjahr

67. Die erste Kerze zündet an	86
68. Ein heller Stern	87
69. Freu dich, Erd und Sternenzelt	88
70. Jetzt ist die Zeit zum Freuen	89
71. Kommet, ihr Hirten	90
72. Kommt und seht	91
73. Singt alle mit frohem Schalle	92
74. Uns ist ein Kind geboren	93
75. Vom Christkind wollen wir singen	94
76. Wacht auf und schlaft nicht mehr	96

	Seite
77. Wir sagen euch an	98
78. Wir spüren Gottes Segen	99
79. Wir warten auf den Einen	100
80. Wisst ihr noch, wie es geschehen?	101
81. Ein neues Jahr	102
82. Hört das Lied der finstern Nacht	103
83. Christus ist auferstanden	104
84. Am Kreuz gestorben	105
85. Du hast, o Gott, des Jahres Lauf	106
86. Guter Gott, wir loben dich	107
87. Soviel Blümlein in den Feldern	108
88. Unter allen guten Gaben	109
89. Zum Geburtstag kommen wir	110

So ein schöner Tag
Lieder für Morgen und Abend

90. Ein neuer Tag ist da	114
91. Der Mond ist aufgegangen	115
92. Der Tag ist zu Ende	116
93. Für heute eine gute Nacht	117
94. Heut war ein schöner Tag	118
95. Ich falte meine Hände	119
96. So ein schöner Tag	120
97. Weißt du, wieviel Sternlein stehen	121
98. Wenn es Abend wird	122
99. Wenn kleine Vögel müde sind	123
100. Wer hat die schönsten Schäfchen	124

Inhalt alphabetisch

Seite

A
15. Abraham — 24
84. Am Kreuz gestorben — 105
50. Auf, lasst ein Loblied erschallen — 66

C
83. Christus ist auferstanden — 104

D
51. Danke für diesen guten Morgen — 67
25. Danket Gott, denn er ist gut — 38
52. Dankt dem Herrn — 68
1. Das Samenkorn — 6
2. Dass ich mit meinen Augen sehe — 7
91. Der Mond ist aufgegangen — 115
92. Der Tag ist zu Ende — 116
26. Die dunklen Wolken gehen — 39
67. Die erste Kerze zündet an — 86
53. Die große, schöne, weite Welt — 69
16. Die Jünger fuhren auf dem See — 25
27. Die Spatzen kaufen niemals ein — 40
17. Dieser Sohn, jener Sohn — 26
28. Du, Gott, ich weiß — 41
29. Du, Gott, stützt mich — 41
54. Du hast die Augen mir geschenkt — 70
85. Du hast, o Gott, des Jahres Lauf — 106
3. Du hast uns deine Welt geschenkt — 9

E
68. Ein heller Stern — 87
18. Ein kleines Schäfchen — 28
19. Ein Mann hat viele Söhne — 29
90. Ein neuer Tag ist da — 114
81. Ein neues Jahr — 102
4. Es ist nichts von selbst gekommen — 10
20. Es zog ein Mann nach Jericho — 30

F
69. Freu dich, Erd und Sternenzelt — 88
93. Für heute eine gute Nacht — 117

G
5. Geh aus, mein Herz — 11
6. Gott, dir will ich herzlich danken — 12
21. Gott hat die Welt erschaffen — 32

	Seite
30. Gott hört mich, wenn ich bete	42
38. Gott ist mitten unter uns	51
31. Gott sagt uns immer wieder	43
32. Gott will bei euch wohnen	44
86. Guter Gott, wir loben dich	107

H

55. Halleluja	72
56. Herr, so groß ist unsre Erde	73
94. Heut war ein schöner Tag	118
82. Hört das Lied der finstern Nacht	103

I

95. Ich falte meine Hände	119
33. Ich will auf Jesus Christus schauen	46
57. Ich will dem Herrn singen	74
34. Im Namen Gottes	47

J

70. Jetzt ist die Zeit zum Freuen	89
22. Josef war ein junger Mann	33
58. Jubelt dem Herrn	75

K

7. Kein Tierlein ist auf Erden	13
35. Kleine Tropfen Wasser	48
71. Kommet, ihr Hirten	90
36. Kommt alle her	49
37. Kommt, alle Kinder	50
72. Kommt und seht	91

L

23. Lasst die Kinder zu mir kommen	34
39. Lasst uns Jesu Helfer sein	52
59. Lieber Gott, ich danke dir	76
60. Lobet und preiset	77

M

8. Meine Füße hast du wunderbar gemacht	15
9. Meinem Gott gehört die Welt	16
40. Mir ist ein Licht aufgegangen	53

N

61. Nun lasst uns fröhlich singen	78

R

62. Rühmen will ich täglich neu	79

Seite

S
41. Segne und behüte — 54
42. Sieh die Blumen auf dem Felde — 55
64. Singet, singet — 80
73. Singt alle mit frohem Schalle — 92
63. Singt dem Herren — 80
96. So ein schöner Tag — 120
10. So viel Freude — 17
87. Soviel Blümlein in den Feldern — 108

U
66. Und wie der kleine Vogel singt — 82
74. Uns ist ein Kind geboren — 93
65. Unser Lied nun erklingt — 81
88. Unter allen guten Gaben — 109

V
11. Vöglein im hohen Baum — 18
75. Vom Christkind wollen wir singen — 94

W
76. Wacht auf und schlaft nicht mehr — 96
12. Was nah ist und was ferne — 19
43. Weil ich Jesu Schäflein bin — 56
97. Weißt du, wieviel Sternlein stehen — 121
44. Wenn der Herr mein Hirte ist — 57
98. Wenn es Abend wird — 122
99. Wenn kleine Vögel müde sind — 123
13. Wer hat die Blumen nur erdacht — 20
100. Wer hat die schönsten Schäfchen — 124
14. Wer hat die Sonne denn gemacht? — 21
45. Wie die helle Sonne — 58
46. Wie groß ist Gottes Liebe — 59
24. Wir fahren übern See — 59
77. Wir sagen euch an — 35
78. Wir spüren Gottes Segen — 98
79. Wir warten auf den Einen — 99
80. Wisst ihr noch, wie es geschehen? — 100
48. Wo ich gehe — 61
49. Wo ist Gott? — 62
47. Wohlauf, wir heben mit Singen an — 60

Z
89. Zum Geburtstag kommen wir — 110